AF603320

LE COMTE DE NEUILLI,

OU

LE DUC DE SURREY,

COMÉDIE HEROÏQUE.

De Monsieur DE BOISSY.

Representée sous le premier Titre par les Comédiens Italiens, le 18 Janvier 1736.

Et sous le second, par les Comédiens François, le 18 May 1746.

Le prix est de trente sols.

A PARIS,
Chez PRAULT, pere, Quay de Gêvres, au Paradis.

M. DCC. XLVI.

Avec Approbation & Privilege du Roi.

APPROBATION.

J'AI lû, par ordre de Monſeigneur le Garde des Sceaux, *Le Comte de Neuilli, Ccmédie*, & j'ai crû que le Public en verroit l'impreſſion avec plaiſir. A Paris le 27. Janvier 1736. *Signé*, GALLIOT.

Le Privilege eſt aux Oeuvres de Théatre du même Auteur, en ſept volumes in-octavo, qui ſe vendent 30 liv.

Acteurs de la Piece, jouée par les Comédiens Italiens.

LE COMTE DE NEUILLI, *M. Romagnési.*
LA MARQUISE, *Mlle Silvia.*
LE MARQUIS, fils de la Marquise, *Riccoboni.*
LEONORE, fille du Comte de Sussex, crue fille de la Marquise, *Mlle Riccoboni.*
LUCIE . . . .
NELTON, Confident du Comte de Neuilli.

La Scéne est à Paris dans l'Hôtel de la Marquise.

Acteurs de la même Piece, jouée par les Comédiens François.

MYLORD DUC DE SURREY, M. Sarrazin.
LA COMTESSE, Mlle Dumesnil.
ROSIMONT, fils de la Comtesse. M. Granval.
LAURE, fille du Comte de Dovers, crue fille de la Comtesse, Mlle Gaussin.
CECILE, Mlle Granval.
JERVIS, Confident de Mylord Duc de Surrey, M. Droüin.

La Scene est à Paris dans l'Hôtel de la Comtesse.

LE COMTE DE NEUILLI.

COMÉDIE HÉROÏQUE.

ACTE PREMIER.

SCENE PREMIERE.

NELTON, LUCIE.

LUCIE.

PEut-on ſçavoir ici quel ſujet vous attire?

NELTON.

Faites-moi, s'il vous plaît, la grace de me dire
Si Madame bientôt reviendra de la Cour.

LUCIE.

Monſieur, ce matin même on attend ſon retour.

NELTON.

Milord Neuilli pour elle eſt pénétré d'eſtime.
Du Comte de Suſſex ce Seigneur fut l'intime:
Il ſçait qu'à ſa famille elle a ſervi d'appui,
Il eſt impatient de la voir aujourd'hui;
Brûlant de l'aſſûrer de ſa reconnoiſſance
Il eſt déja venu deux fois dans ſon abſence.

LUCIE.

Vous venez de la part du Comte de Neuilli!
Et vous appartenez à cet homme accompli?

NELTON.

J'ai ce bonheur, Madame.

LUCIE.

Ah! pour vous quelle gloire!
La renommée ici nous a fait ſon hiſtoire;
Et dans tous ſes récits nous l'a peint ſi parfait
Que je m'eſtime heureuſe avec juſte ſujet
D'avoir reçu le jour aux lieux qui l'ont vû naître.

NELTON.

La renommée eſt juſte à l'égard de mon maître;
Elle ne peut jamais trop vanter ſes vertus;
Et quoiqu'elle en publie, elles ſont au-deſſus.
Paris des Etrangers fut de tout tems l'aſile:
Milord, pour les aider, a choiſi cette Ville.

Sa patrie est par-tout où son cœur généreux
Peut verser en secret ses dons aux malheureux :
Sa vie est un tissu d'actions héroïques ;
Pere de ses vassaux, & de ses domestiques,
Il soulage leur peine, il prévient leurs besoins,
Et le plus miserable obtient ses premiers soins.

LUCIE.

Quels traits !

NELTON.

Des gens de bien c'est le parfait modele.
Il est maître aussi bon, qu'il est ami fidele.

LUCIE.

C'est tout dire en un mot. On nous a raconté
Que pour Milord Sussex il avoit tout quitté.

NELTON.

Pour suivre cet ami qu'avoit proscrit l'envie,
Il a plus fait encore, il a risqué sa vie ;
Et, par un rare exemple, il a sacrifié
Repos, grandeur, fortune aux droits de l'amitié.
D'autres par plus d'exploits ont brillé dans la guerre :
Mais souvent ces guerriers, qui ravageant la terre,
Ne se font admirer que par des traits sanglans,
Doivent toute leur gloire à des vices brillans.
Quoiqu'elle ait moins d'éclat, la sienne est plus solide,

Et si la probité, si la vertu rigide
Font seules le grand homme aux yeux de la raison,
Personne plus que lui n'est digne de ce nom.

LUCIE.

Il est beau d'obtenir un éloge semblable;
Et voilà le portrait du Héros véritable.
Mais la jeune Marquise a mal passé la nuit,
Près d'elle en ce moment l'amitié me conduit;
D'un devoir si pressant il faut que je m'acquite;
Et vous m'excuserez, Monsieur, si je vous quitte. (*Lucie rentre.*)

SCENE II.

NELTON *seul.*

DAns ce jour, malgré moi, je forme sur Milord
Un soupçon que j'étouffe & qui renaît plus fort.
De son ame avec soin il me cache le trouble.
Sa tristesse est plus grande & son ennui redouble;
Mais tous deux ont changé de forme dans ces lieux,
Et depuis quatre jours que j'observe ses yeux,
Je les trouve chargés d'une langueur secrette,

Qui semble de son cœur annoncer la défaite.
Il exhale souvent des soupirs à demi,
Non tels qu'il les poussoit pour la mort d'un ami.
Il gemit à present, mais c'est d'un ton plus tendre,
Et sa plainte tout haut n'ose se faire entendre.
La difference frappe à travers tout détour,
Et l'amitié soupire autrement que l'amour.
Ce dernier a vaincu sa longue résistance,
Et pour le mieux soumettre, il l'attendoit en France.
Mais je le vois paroître, & je l'entends gémir,
Mon doute à son aspect ne fait que s'affermir.

SCENE III.

LE COMTE, NELTON *se tenant éloigné.*

LE COMTE *sans voir Nelton.*

QUels transports inconnus ! & quel combat terrible !
A l'amour jusqu'ici mon cœur inaccessible
Avoit senti les traits de la seule amitié.
Par quel charme fatal s'est il donc oublié ?

Quand je fuis un Païs funeste à l'innocence ;
Indigné contre lui, quand je n'aborde en France,
Que pour y regretter par un deüil éternel
Un ami condamné sans être criminel :
Que je viens consacrer mes douleurs les plu
fortes
Dans des lieux où sa femme & sa fille sont mortes;
Aux soins que je leur dois, mettant le dernier
sceau,
Quand je viens de mes pleurs arroser leur tom-
beau :
Que la vertu paisible est mon seul exercice,
Et que j'arrive ici, pour voir leur protectrice.
Dans ce même salon un objet enchanteur
Paroît, lance un regard, & subjugue mon cœur.
Des écueils de l'amour j'ai sauvé ma jeunesse ;
J'attends, pour m'y briser, l'âge de la sagesse,
Et d'une folle ardeur je me vois assailli !
O ciel ! est-il possible ? & suis-je bien Neuilli ?
Je combats vainement ; ma raison est vaincuë :
L'amour regne en tiran dans mon ame éperduë ;
Il y verse l'oubli des devoirs les plus forts,
Et, jusqu'à l'amitié, tout cede à ses transports.
Je perds depuis trois jours tout le soin de ma
gloire,
Et les noms les plus chers sortent de ma mémoire.

NELTON *à part.*

Mon ſoupçon étoit juſte, & le Comte a parlé,
Le ſecret de ſes feux m'eſt enfin dévoilé.

LE COMTE.

O! Comte de Suſſex! ô! cendre reverée!
Tu gemis de l'yvreſſe où mon ame eſt livrée.
Du tort qu'elle te fait ne ſois pas offenſé.
En dépit de moi-même, helas! j'y ſuis forcé:
Si mes feux dans mon cœur ont ſur toi l'avantage,
La raiſon venge bien cette injuſte partage.
Ah! qu'il eût mieux valu terminer mon deſtin,
Noblement avec toi, les armes à la main;
Et couronnant par-là notre tendreſſe illuſtre,
Emporter chez les morts ma gloire en tout ſon luſtre,
Que d'aller te ſurvivre, & conſerver le jour,
Pour fléchir aujourd'hui ſous le joug de l'amour,
Et perdre, par l'affront d'un inſtant de foibleſſe,
L'honneur que m'avoient fait quarante ans de ſageſſe.

NELTON.

Il aigrit ſa douleur en voulant la cacher,
Partons.... mais le reſpect m'empêche d'approcher.

LE COMTE.

Puiſque je ne puis vaincre une ardeur qui m'entraîne,
Ma raiſon ſur mes ſens ſe rendant ſouveraine,
Lui fera du devoir ſubir la juſte loi,
Et la ſçaura du moins rendre digne de moi :
Mais doit-elle éclater ; ou doit elle ſe taire ?

(appercevant Nelton)

Le conſeil d'un ami me ſeroit neceſſaire ;
Nelton s'offre à ma vûë; incertain dans mes vœux,
Je n'oſe, & je voudrois lui confier mes feux.

NELTON.

Si je romps le ſilence, excuſez mon audace,
A mon attachement vous devez faire grace ;
Depuis votre arrivée en ce lieu deſiré,
A de nouveaux chagrins vous paroiſſez livré :
Je vois à tout moment que votre main me cache
Des pleurs que malgré vous la douleur vous arrache,
De vos tourmens ſecrets, je me ſens déchirer !

LE COMTE.

Helas !

NELTON.

Je vous entens encore ſoupirer !
Oſez vous confier à mon zele ſincere,
Vos peines....

LE COMTE.

Je n'ai pas de confidence à faire.

NELTON.

Cette faveur sans doute est trop grande pour nous;
Et le sort m'a placé trop au-dessous de vous
Pour meriter l'honneur de votre confidence.

LE COMTE.

Vous faites éclater un soupçon qui m'offense,
Nelton, vous le devez bannir de votre esprit:
La vertu sur le mien a seule du credit.

NELTON.

Ah! s'il est vrai, Monsieur, cessez de vous défendre,
Daignez jusques à moi, daignez enfin descendre,
Et songez que Nelton dans l'honneur affermi
Est votre serviteur, & de plus, votre ami.
Oüi, votre ami, Monsieur, pardonnez-moi ce terme,
J'en sens toute la force, & sçai ce qu'il renferme,
Tout aussi-bien qu'aux grands il convient aux petits;
La noblesse du cœur en fait seule le prix,
Celle du rang sans l'autre est peu recommandable;
On doit moins honorer de ce nom respectable,
Un noble vicieux qui pense bassement,

Qu'un serviteur fidele & plein de sentiment ;
A le prendre avec vous, c'est ce qui m'encourage,
Mon cœur dont je suis sûr, m'enhardit davantage;
Nul par son zele ardent, son respect & sa foi,
De le porter, Monsieur, n'est plus digne que moi;
Vous l'avez illustré beaucoup plus que personne,
Par ce titre si beau que mon ardeur me donne,
Et qui peut tout sur vous, dites-moi vos secrets?
Vos douleurs en seront bien moins vives après;
Votre interêt lui seul me porte ....

LE COMTE.

Tu me charmes!
Je ne balance plus, & je te rends les armes;
Mon estime t'est dûë; & tu penses si bien,
Qu'à tes yeux désormais je ne dois cacher rien:
A ta fidelité je dois ma confidence;
Et puisqu'elle m'oblige à rompre le silence,
Contre un attrait vainqueur en vain j'ai résisté,
Depuis trois jours ici l'amour ma surmonté.

NELTON.

La beauté qui vous plaît, peut-elle être connuë?
Et ces lieux ....

LE COMTE.

La Marquise est-elle revenuë?

NELTON.

Monsieur, elle n'est pas encore de retour.

LE COMTE.

Et sa fille, Nelton ?

NELTON.

Chez elle il n'est pas jour.

LE COMTE.

Leonore ! vers vous un doux penchant m'appelle !

NELTON.

Vous l'aimez ?

LE COMTE.

Je l'adore.

NELTON.

Hé, Monsieur, le sçait-elle?

LE COMTE.

Non, ton maître novice à pousser des soupirs,
Ignore l'art flateur d'exprimer ses desirs ;
Et, d'un amant soumis, je rougis à mon âge
De venir faire ici le triste apprentissage :
Je vais du ridicule affronter le danger,
Sur tout dans un Pays où je suis étranger,
Le centre des bons airs, où l'agrément preside,
Où la mode gouverne & le dehors décide.
Un rien choque à Paris, l'œil d'un sexe charmant,
Qui se rend à la grace & non au sentiment :
Il faut être enjoüé, pour lui paroître aimable,

Er si l'on ne badine, on n'est pas agréable,
Vieilli dans la douleur ! puis-je plaire à present?
Je sçais être fidele & non pas amusant :
Des François séducteurs, je n'ai pas le merite ;
Mais quand j'en aurois l'art, j'en fuirois la conduite ;
Je serois à ce prix honteux d'avoir vaincu,
Et l'amour est un monstre où manque la vertu.

NELTON.

Chassez de votre cœur, la crainte qui l'agite ;
Rien ne sçauroit ternir l'éclat du vrai merite,
On le respecte à Londre, on l'admire à Paris,
Et, plus fort que la mode, il brille en tout Païs.

LE COMTE.

Il faut d'autres attraits pour vaincre une maîtresse ;
Un triomphe si doux, n'est dû qu'à la jeunesse.

NELTON.

Leonore, Monsieur pense trop sagement,
Pour croire que son cœur préfere aveuglement
Un brillant passager au merite solide.
On dit qu'en tous ses pas, la sagesse la guide ;
Faites parler les feux dont vous êtes épris,
Pour être rebutés, ils sont d'un trop grand prix.

LE COMTE.

Tes discours séduisans ont beau flàter mon ame,

Je ne puis me résoudre à declarer ma flâme,
Et mon cœur malheureux est contraint de nourrir
Un feu qu'il ne peut vaincre, & n'ose découvrir.

NELTON.

Ah! je tremble pour vous de cette violence.
Voulez-vous donc mourir d'un si cruel silence,
Quand par un mot, Monsieur, vous pouvez être heureux?

LE COMTE.

Non, je ne ferai point cet aveu dangereux,
Ma gloire m'est trop chere, & c'est la compromettre.

NELTON.

Dans cette extrêmité, daignez donc me permettre
D'employer tous mes soins, & de parler pour vous.
Je fais de votre bien mon bonheur le plus doux;
Et Nelton vous répond, si vous voulez l'en croire,
De servir votre amour, sans risquer votre gloire;
Elle m'est précieuse autant qu'à vous.

LE COMTE.

Je crains...

NELTON.

C'est à tort. Rassurez vos esprits incertains.

LE COMTE.

Ton zele eſt ſi preſſant, qu'il faut que je lui cede;
Je ſens que mon ardeur a beſoin de ton aide.
Va, puiſque tu le veux, tu peux agir pour moi;
Je connois ta ſageſſe, & je me livre à toi.
(*Il ſort.*)

SCENE IV.

NELTON *ſeul.*

POur un maître ſi grand mon ame s'intereſſe;
Et je veux dans ce jour couronner ſa tendreſſe.
Recourons à Lucie, employons ſon appui,
Elle eſtime le Comte, & fera tout pour lui:
Elle a de la naiſſance, elle eſt ſage & diſcrette;
Leonore a pour elle une amitié parfaite.
Je ne puis mieux choiſir. Je vais... Mais la voici.

SCENE V.

NELTON, LUCIE.

LUCIE.

POur ſaluer Milord, je reparois ici;
Mais je ne le vois pas.

NELTON.

NELTON.

Il ſort dans l'inſtant même.

LUCIE.

Je n'aï que ce jour ſeul. Mon regret eſt extrême.

NELTON.

Comment?

LUCIE.

Je pars demain pour entrer au couvent,
Et je voulois, Monſieur, le voir auparavant;
J'y dois ſuivre les pas de la jeune Marquiſe:
Elle y va pour toujours.

NELTON.

Ciel! quelle eſt ma ſurpriſe?
Ce revers pour Milord doit me faire trembler.

LUCIE.

Dites, pourquoi?

NELTON.

Je crains.... mais non, je dois parler.
Son interêt preſſant veut qu'à votre prudence,
Je découvre, Madame, un ſecret d'importance
Qui doit être aux regards voilé ſoigneuſement,
Et qui va vous remplir d'un juſte étonnement.
Sçachez que ce Héros, dont l'ame ſans foibleſſe
Avoit juſqu'à ce jour méconnu la tendreſſe,
Et que l'amitié ſeule avoit fait ſoupirer;
Sçachez, d'un feu brûlant qu'il ſe ſent devorer,

Et que, pour son malheur, l'aimable Leonore;
Votre jeune Marquise est l'objet qu'il adore.

LUCIE.

Veillai-je en ce moment, & l'ai-je bien oüi?
Le Comte, dites-vous, aime Leonore?

NELTON.

Oüi.

Un instant a fait naître une flâme si vive;
Mais pour la déclarer, sa bouche est trop craintive,
Et je croïois, par vous, pouvoir le rendre heureux.
Jugez de ma douleur dans ce revers affreux;
Jugez en même-tems, quelle atteinte mortelle,
Va porter à son cœur cette triste nouvelle.

LUCIE.

Quelle fatalité! je le plains aujourdhui,
Ses grandes qualités m'interessent pour lui;
Je voudrois que l'Himen pût l'unir avec elle,
Tous deux y trouveroient leur gloire mutuelle.
Je souhaite ce nœud pour leur commun bonheur,
Et d'y contribuer je me ferois honneur.
Leur vertu forme entre-eux une chaîne secrete,
Et s'il est accompli, Leonore est parfaite.

NELTON.

Ah! puisqu'il est ainsi, parlez en sa faveur;
Mais ménagez sa gloire en servant son ardeur,

S'il ne peut être heureux, qu'à jamais on ignore
L'ardente passion qu'il sent pour Leonore.

LUCIE.

Sans l'exposer en rien, mes soins sçauront agir,
Et son front d'un refus n'aura point à rougir.
A couronner ses vœux plus d'un motif me porte.

NELTON.

Et quelle autre raison?

LUCIE.

Une raison très-forte.
Le repos du Marquis, & le soin de ses jours.

NELTON.

De son frere? Daignez m'expliquer ce discours!

LUCIE.

Puisqu'il faut, à mon tour, que je vous le revele,
Le Marquis ne respire & ne vit que par elle,
Il ne peut un moment s'éloigner de sa sœur;
S'il sçavoit son dessein, il mourroit de douleur;
Et je dois l'empêcher pour lui sauver la vie,
Je cours y travailler.

NELTON.

Hâtez-vous, je vous prie.

LUCIE.

Allez, & du succès reposez-vous sur moi:
Il va suivre bien-tôt l'espoir que j'en conçoi;
Leonore du Comte a reçû la visite,

Son esprit est déja frappé de son merite ;
Avec beaucoup d'éloge elle m'en a parlé.
Par l'estime aisément un cœur est ébranlé,
Et je croirai servir la France & l'Angleterre,
Si je puis par mes soins faire voir à la terre,
Uni d'un même sort, ce que toutes les deux
Ont produit de plus rare, & de plus vertueux.

Fin du premier Acte.

ACTE II.

SCENE PREMIERE.

LA MARQUISE, *seule.*

LEonore choisit l'état de la retraite.
Sa beauté, sa douceur, font que je la regrette.
De ma fille elle occupe & merite le rang,
Mais elle ne l'est pas, & sort d'un autre sang;
Quoique dans ma maison elle soit étrangere,
Presqu'autant que mon fils, je sens qu'elle m'est chere.
Son sort est un secret ignoré dans ces lieux.
Lucie entre, je dois le cacher à ses yeux.

SCENE II.

LA MARQUISE, LUCIE.

LA MARQUISE.

DE voir Milord Neuilli je suis impatiente;
Mais des pas que j'ai faits, j'ai lieu d'être contente.

Je dois encore agir pour hâter le ſuccès
D'un projet important où tendent mes ſouhaits.

LUCIE.

Quel eſt donc ce projet?

LA MARQUISE.

Un très-grand mariage.
C'eſt en ſecret pour lui que j'ai fait mon voyage ;
Son ſecours peut lui ſeul empêcher de tomber,
Ma maiſon affoiblie, & prête à ſuccomber
Sous le poids des emprunts & des dettes immenſes,
Où du rang que je tiens me forcent les dépenſes.
Pour briller au dehors, on épuiſe ſes biens,
Et les malheurs d'autrui m'éclairent ſur les miens.
Je vois avec effroi tant de nobles celebres,
Qui de l'éclat du jour paſſent dans les tenebres,
Et diſparus ſoudain ne laiſſent après eux
Que le bruit de leur chute & des débris honteux.
Pour fuir un tel revers, mes ſoins & ma prudence,
D'une riche heritiere ont brigué l'alliance ;
Pour l'unir à mon fils, tout eſt preſque arrêté.

LUCIE.

Madame, ſur ce nœud l'avez-vous conſulté?

LA MARQUISE.

Je n'ai pas eu le tems : mais mon fils eſt trop ſage
Pour ne pas conſentir à ſon propre avantage.

Je dois à ce ſujet ce ſoir l'entretenir.
Gardez-vous de rien dire & de le prévenir.
(*Elle ſort.*)

SCENE III.

LUCIE *ſeule.*

SA noble ambition eſt digne de loüange,
Cependant Leonore & ſa langueur étrange,
Ne ceſſent un moment d'agiter mon eſprit ;
Je mets tout en uſage, & rien ne l'en guerit.

SCENE IV.

LUCIE, NELTON.

NELTON.

MAdame, pardonnez au zele qui m'entraîne,
L'interêt de mon maître en ce lieu me ramene:
Sur le ſort de ſa flâme, inquiet & troublé,
Je reviens pour ſçavoir ſi vous avez parlé.
Une ſi belle ardeur, ſera-t'elle écoutée?

LUCIE.

Tantôt d'un faux eſpoir mon ame s'eſt flattée;

Et le destin du Comte est des plus malheureux;
Le cœur de Leonore est contraire à ses feux.

NELTON.

Qu'entens-je ?

LUCIE.

Elle a pour lui la plus parfaite estime ;
Et sent tout le respect que son merite imprime.
Mais l'Himen est pour elle un lien odieux,
Et la retraite seule est aimable à ses yeux.

NELTON.

Je gemis de ce coup, il accable mon ame !
Je comptois l'informer du succès de sa flâme ;
Je suis bien éloigné de ce flateur espoir,
Je n'ai que des malheurs à lui faire sçavoir!
Il a reçû des Cieux l'ame la plus sensible,
Quelle épreuve pour elle ! & quel supplice horrible !
Le sort de ce grand homme est digne de pitié;
L'amour ne lui prépare, ainsi que l'amitié,
Pour prix de ses vertus que des peines cruelles.
Il est toujours en bute à des rigueurs nouvelles :
Vieilli par la fatigue, usé par la douleur,
Il ne survivra pas à ce dernier malheur.
A le suivre, s'il meurt, mon ame sera prompte,
Je ne puis être heureux que du bonheur du Comte;

Mais Leonore eſt-elle inflexible à tel point
Qu'on ne puiſſe eſperer ?...

LUCIE.

Ne vous en flattez point ;
Elle a pris pour le monde une haine mortelle,
Et l'air qu'elle y reſpire eſt un poiſon pour elle ;
Il porte chaque jour atteinte à ſa ſanté :
Sa retraite devient une neceſſité.

NELTON.

Qui peut cauſer en elle un dégout ſi terrible ?

LUCIE.

Je ne ſçai ; mais il faut qu'il ſoit bien invincible,
Puiſque ſon frere même, & leur tendre union,
Sont moins forts dans ſon cœur que cette aver-
ſion.
Mais on vient. C'eſt lui-même.

NELTON.

Adieu, je me retire ;
Et vais joindre Milord que je fremis d'inſtruire.

(*Il ſort.*)

SCENE V.

LE MARQUIS, LUCIE.

LE MARQUIS.

AH ! de grace, Lucie, éclairciſſez-mon cœur ;
Depuis hier au ſoir, je n'ai pû voir ma ſœur :
Que fait-elle ? Parlez.

LUCIE.

Mais, ſa triſteſſe augmente,
Et je trouve aujourd'hui ſa ſanté languiſſante.

LE MARQUIS.

Qu'entens-je ! ce diſcours m'allarme vivement :
Pourquoi n'eſt-elle pas dans ſon appartement ?

LUCIE.

Pour vaincre ſon ennui, ſans doute elle eſt ſortie.

LE MARQUIS.

Je crains les noirs effets de ſa melancolie.

LUCIE.

Son mal ne ſera rien ; r'animez votre eſpoir.

LE MARQUIS.

Pour m'en bien aſſurer je brûle de la voir.
Depuis ſept où huit jours, je la trouve changée,
Et dans la rêverie elle eſt toujours plongée :

Mais elle eſt votre amie, & vous ouvre ſon cœur ;
Quelle peine l'occupe, & cauſe ſa langueur ?
Vous ſçavez à ſon ſort combien je m'intereſſe,
Et que ſes moindres maux allarment ma tendreſ-
ſe :
Ne me cachez donc plus ce qui peut l'affliger ;
Je ne veux le ſçavoir que pour le partager.

LUCIE.

Sans aucun fondement vous avez cette idée :
Si de quelque chagrin elle étoit obſedée,
Son cœur de vous l'apprendre eût-il pû s'empê-
cher ?

LE MARQUIS.

Il en eſt qu'à ſoi même on voudroit ſe cacher !

LUCIE.

Un ſouci paſſager peut troubler ſon viſage,
Les plut beaux jours, Monſieur, ne ſont pas ſans
nuage.

LE MARQUIS.

Je ne reconnois point ma ſœur à ce portrait ;
La raiſon la conduit dans tout ce qu'elle fait :
Mais je ſuis trop long tems privé de ſa preſence.
Etre une heure loin d'elle, eſt une longue abſence ;
Les momens où je ſuis éloigné de ſes pas,
Sont des inſtans perdus, où mon cœur ne vit pas ;
Et je vole....

LUCIE.

Elle vient, & je vous laiſſe enſemble.

LE MARQUIS.

Sa triſteſſe m'allarme, & près d'elle je tremble.

(*Lucie ſort.*)

SCENE VI.

LE MARQUIS, LEONORE *plongée dans la rêverie.*

LEONORE *ſe trouvant vis-à-vis le Marquis.*

AH! mon frere, c'eſt vous!

LE MARQUIS.

Qu'avez-vous donc, ma ſœur
D'où naît ſur votre front cette ſombre pâleur?

LEONORE.

Mon frere, ce n'eſt rien.

LE MARQUIS.

Vous avez beau le taire,
L'état où je vous vois m'aſſure le contraire.
Qu'eſt-ce qui vous afflige? Eh, quoi! ma ſœur, eh quoi!
Votre ame dans ce jour a des ſecrets pour moi?
D'un pareil procedé que faut-il que je penſe?

LEONORE.

Dissipez vos fraïeurs.

LE MARQUIS.

Rompez donc ce silence.
Ne desesperez pas un frere malheureux.
Au nom de l'amitié qui nous unit tous deux,
Dévoilez-moi votre ame & calmez mes allarmes:
Vous poussez des soupirs, & vous versez des larmes,
Leonore!

LEONORE.

Fuyons!

LE MARQUIS.

Je ne vous quitte pas
Que vous ne m'appreniez....

LEONORE.

N'arrêtez point mes pas.
Laissez-moi. Je ne puis, ni ne dois vous instruire.
Tâchez de m'oublier. Ce mot doit vous suffire.

LE MARQUIS.

Quel discours surprenant! Ma sœur, expliquez-vous?

LEONORE.

Je crains de vous porter de trop sensibles coups.
Adieu, Je dois vous fuir par pitié pour vous-même.

LE MARQUIS.

Non, ma ſœur parlera s'il eſt vrai qu'elle m'aime.
Son ſilence eſt pour moi plus affreux que la mort.

LEONORE.

Où me reduiſez-vous ?

LE MARQUIS.

J'exige cet effort.

LEONORE.

Puiſque vous me forcez, mon frere, à vous le dire ;
Du monde, pour jamais, demain je me retire.

LE MARQUIS.

Qu'entends-je ! A ce deſſein, qui vous porte aujourd'hui ?

LEONORE.

C'eſt le dégoût mortel que j'ai conçu pour lui ;
Chaque pas que j'y fais me montre un précipice;
Chaque inſtant que j'y paſſe ajoûte à mon ſupplice ;
Votre ſœur plus long-tems ne peut y reſpirer,
Et mon unique peine eſt de me ſeparer
D'une mere que j'aime, & d'un frere ſi tendre.
Je voulois de ces lieux partir ſans vous l'apprendre.
D'un adieu ſi cruel qui déchire mon cœur,

Je voulois à tous deux épargner la douleur ;
Je sentois le danger d'une telle entrevûë,
Et, pour la détourner, j'évitois votre vûë.
Je vous ai rencontré, je n'ai pû résister ;
Et même, en ces instans, je me sens arrêter
Par un charme puissant qui près de vous me lie,
Et combat ma raison qui veut que je vous fuie.

LE MARQUIS.

Je demeure immobile à cet affreux discours !
Vous allez me quitter, ma sœur, & pour toujours !
Pour la derniere fois je parle à Leonore.
Je ne reverrai plus une sœur que j'adore.
Une retraite austere, & des murs odieux
Vont d'un voile éternel la cacher à mes yeux :
Et ce qui met le comble à ma douleur extrême,
C'est cette même sœur qui forme, d'elle-même,
Ce barbare dessein qui doit nous désunir ;
Et de notre amitié perdant le souvenir,
Elle ose prononcer un Arrêt qui me tuë :
Mais vous voulez en vain vous soustraire à ma vûë,
Vous ne partirez point ; &, d'un pareil projet
Mon juste desespoir empêchera l'effet.

LEONORE.

Arrêtez ! Je fremis ! Que prétendez-vous faire ?

Pour notre bien commun ma fuite est necessaire.

LE MARQUIS.

Necessaire! grand Dieu! quand ma mort la suivra.
Quoi! pour un vain dégoût qu'un instant détruira,
Vouloir vous arracher à tout ce qui vous aime;
A de fausses terreurs vous immoler vous-même:
M'abandonner, enfin, sans espoir de retour,
Moi, qui loin de ma sœur, ne puis passer un jour;
Qui supporte à regret sa plus legere absence,
Et qui dans elle seule ai mis ma confiance.

LEONORE.

Croyez qu'à ces douceurs je m'arrache à regret.
J'en gemis comme vous; mais, au choix que j'ai fait,
Votre interêt m'engage & mon repos m'oblige;
L'état de ma maison en même tems l'exige.
Mon frere doit lui seul en être le soûtien,
Et j'aime à l'enrichir aux dépens de mon bien.

LE MARQUIS.

C'est faire à ma tendresse une cruelle offense.
Pour moi le plus grand bien, ah! c'est votre presence.
Il n'en est point sans lui que je puisse goûter;
Et de mon propre sang je voudrois l'acheter.

Tout

Tout plaisir sans ce bien, toute paix m'est ravie,
Et vouloir me l'ôter, c'est m'arracher la vie.
La générosité que vous me faites voir
Prouve que l'amitié sur vous est sans pouvoir.
Je ne vous suis plus cher, & votre ame inhumaine.....

LEONORE.

Ah! vous me l'êtes trop! C'est ce qui fait ma peine.

LE MARQUIS.

C'est manquer d'amitié que d'en craindre l'excès.

LEONORE.

De la vôtre je dois redouter les attraits.

LE MARQUIS.

Eh! pourquoi donc, ma sœur, apprehender ses charmes?
Mon amitié peut-elle exciter vos allarmes?
Un tel attachement est-il donc défendu?
En quoi peut-il choquer la severe vertu?
Le sang l'a dans mon ame imprimé dès l'enfance,
Et tous mes soins pour vous respirent l'innocence.
Estre toujours ensemble, & se complaire en tout,
N'avoir qu'un sentiment, qu'un esprit, & qu'un goût;

Par mille doux égards se prouver sa tendresse ;
Et sur les moindres voeux se prévenir sans cesse;
Tel est le nœud flatteur qui m'unit avec vous :
Devez-vous un moment craindre un lien si doux ?
Ne vous opposez plus à ma juste demande,
Ma sœur, ne partez pas, la rigueur est trop grande ;
Laissez-moi seulement vivre où vous demeurez :
Que je partage au moins l'air que vous respirez.
Cet espoir peut lui seul faire naître ma joye,
Et je suis trop heureux, pourvû que je vous voye.

LEONORE.

Ah ! ce même discours qui doit m'épouvanter,
Précipite ma fuite, au lieu de l'arrêter.
Il a beau déguiser le poison qu'il renferme,
Dans son juste dessein mon cœur demeure ferme.
D'un penchant séducteur défions-nous tous deux.
Le crime qui se voile est le plus dangereux.

LE MARQUIS.

Que dites-vous, ma sœur ? & quelle étrange crainte?...

LEONORE.

ans le trouble mortel dont mon ame eſt atteinte,
 pars, & ne dois plus vous voir, ni vous parler.
on cœur même, mon cœur craint de ſe dé-
mêler.
ſent des mouvemens, dont à peine il eſt maître,
 je ferme les yeux de peur de me connoître.

LE MARQUIS.

uel horrible ſoupçon vient noircir votre eſprit?
h! j'en ſuis effraïé, j'en demeure interdit.
uoi! mon trop d'amitié ſeroit-il condamna-
ble?
ns m'en être apperçû. Dieu! Serois-je coupable?

LEONORE.

e doute ſur ce point ſuffit pour nous quitter.
omptez des ſentimens....

LE MARQUIS.

Eh! puis-je les dompter?

LEONORE.

ui, de les étouffer, vous aurez l'avantage,
i de luter contre eux vous avez le courage.
n ſoumet les deſirs qui ſont bien combattus,
t les vices détruits ſe changent en vertus.
u'en un ſi grand péril votre force ſe montre,

Et jusqu'à mon départ, évitez ma rencontre.
Elle rendroit ma peine & mon trouble plus fort.

LE MARQUIS.

Qu'exigez-vous de moi?

LEONORE.

Faites-vous ces effort
Appellez, comme moi, la raison à votre aide,
Et songez qu'à nos maux il n'est que ce remede.

LE MARQUIS.

Vous le voulez : eh bien ! je vous imiterai;
Mais le coup est mortel, & j'y succomberai.

LEONORE.

Prenez soin de vos jours, pour consoler ma mere
Tout vous l'ordonne.

LE MARQUIS.

Adieu, ma sœur.

LEONORE.

Adieu, mon frere

LE MARQUIS.

Pour ne plus nous rejoindre, il faut nous séparer.

LEONORE.

Je vais sortir du monde.

LE MARQUIS.

Et je vais expirer!

Fin du second Acte.

ACTE III.

SCENE PREMIERE.

LE COMTE, NELTON.

LE COMTE.

Léonore nous quitte, ô, Ciel! est-il possible?

NELTON.

Oüi, Monsieur.

LE COMTE.

Ah! quel coup pour mon ame sensible!

NELTON.

Vous m'en voïez ici comme vous abbatu:
Votre esprit a besoin de toute sa vertu.

LE COMTE.

Aurois-je dû m'attendre au revers qui m'accable?
Et peut-on éprouver un sort plus déplorable?
C'étoit peu qu'un ami plongé dans le malheur,
Pendant vingt ans entiers eût nourri ma douleur;
C'étoit peu, dans l'exil, & loin de ma Patrie,
D'avoir traîné pour lui la moitié de ma vie;
Les maux de l'amitié n'étoient pas assez forts,

Il falloit que l'amour y joignît ses transports !
J'avois bravé ses coups au plus fort de l'orage,
Il m'attendoit au port, pour exercer sa rage ;
Mes ans de sa fureur n'ont pû me garantir,
Pour combler les tourmens qu'il me fait ressentir ;
Il me rend dans ces lieux épris d'une maîtresse,
Qu'un obstacle invincible enleve à ma tendresse ;
Un moment à mes yeux il offre ses attraits,
Pour embraser mon ame, & m'en priver après.
Ce plaisir est payé d'une absence éternelle,
Et sa vertu me rend sa perte plus cruelle.
Mais parle : N'est-il plus d'espoir pour mon amour ?

NELTON.

Non, rien ne peut la vaincre ; elle part sans retour.

LE COMTE.

Ç'en est fait, pour jamais je vais perdre sa vûë :
De qui sçais-tu, Nelton, ce départ qui me tuë ?

NELTON.

Monsieur, tantôt Lucie a sçû m'en informer.
Elle-même qui vient peut vous le confirmer.

LE COMTE.

Va sçavoir si je puis parler à la Marquise.

NELTON.

A vos ordres, Monsieur, j'obéïs sans remise.

(Nelton sort)

SCENE II.

LE COMTE, LUCIE.

LE COMTE.

CRoirai-je dans ce jour un bruit qui se répand ?
Leonore, dit-on, entre dans un Convent.

LUCIE.

Il est vrai. Vous voyez sa Compagne fidele,
Et moi-même demain je m'y rends avec elle.

LE COMTE.

Ma surprise redouble ! Est-ce bien pour toujours?

LUCIE.

Oüi, nous allons, Monsieur, y consacrer nos jours.
Le dessein en est pris.

LE COMTE.

Quel projet est le vôtre ?
Sa mere y consent ?

LUCIE.

Oüi.

LE COMTE.

Mais pourquoi l'une & l'autre,

Pourquoi quitter le monde ? Eh! l'air en eſt ſi doux ;
Quand on eſt belle, aimable, & faite comme vous.
D'une jeune beauté qu'il éleve ſans ceſſe,
Le monde eſt idolâtre, elle en eſt la Déeſſe.
Pour elle il fait brûler l'encens le plus flatteur,
Il enchaîne à ſes pas le plaiſir ſéducteur ;
Pour la mieux àmuſer, ſes efforts le varient,
Et comme ſes déſirs, ſes jeux ſe multiplient.
Toutes deux preferer une auſtere priſon !

LUCIE.

Elle y va par penchant, & j'y vais par raiſon :
Avec plus de beautés, avec plus de richeſſe,
Elle court pour jamais enterrer ſa jeuneſſe.
Son ſacrifice eſt grand beaucoup plus que le mien;
Le monde eſt fait pour elle, & moi, je n'y perds rien.
Sans rang dans l'Univers, je m'y vois étrangere,
Et n'ai d'autre ſoûtien que celui de ſa mere.
J'ai beau devoir le jour à de nobles Parens,
C'eſt un titre onereux qui rend mes maux plus grands.
La naiſſance ſans bien eſt un poids dans la vie,
Loin de nous élever, elle nous humilie.

LE COMTE.

Vos charmes, votre ſort, & vos perils preſſans
Deviennent les objets les plus intereſſans;
Vous me faites trembler, puiſqu'il faut vous le dire;
Et le nouvel état que vous voulez élire,
Exige des devoirs, veut des dons ſi parfaits,
Qu'il eſt, pour le remplir, peu d'eſprits qui ſoient faits.
L'amour du changement, un caprice frivole,
Un chagrin paſſager, font ſouvent qu'on s'immole;
On croit dans cet aſile aſſûrer ſon repos,
Et ſouvent on y trouve un ſurcroît à ſes maux.
D'abord les paſſions pour quelque tems ſommeillent,
Mais leurs feux aſſoupis tout à coup ſe reveillent;
L'image des douceurs que l'on vient de quitter,
La fougue des déſirs qu'on ne peut contenter,
Sont autant de bourreaux qui déchirent une ame,
Et portent le remords ſans éteindre la flâme.
Le déſeſpoir ſurvient, le ſéjour de la paix
Devient celui du trouble & des mortels regrets,
Et du goût des plaiſirs ſentant la violence,
Dans le ſein des vertus on perd ſon innocence.
Prête à faire un tel pas, ne précipitez rien,

Sentez-en le danger, & consultez-vous bien.

LUCIE.

Monsieur, je l'avoüerai, ce tableau m'épouvante,
Et, si près du peril, je suis toute tremblante.

LE COMTE.

Vos malheurs sont pour moi les titres les plus doux;
Ce sont autant de nœuds qui m'attachent à vous;
Votre païs, d'ailleurs, m'a donné la naissance,
C'est un nouveau lien qui nous unit en France;
J'y serai votre appui, n'ayez aucun effroi,
Et de votre bonheur reposez-vous sur moi.

LUCIE.

Pour exprimer l'excès de ma reconnoissance,
Monsieur, en ces instans je n'ai que mon silence.

LE COMTE.

Leonore devroit elle-même sentir
Tout le danger d'un choix que suit le repentir;
Le Ciel ne l'a formée avec tant de merite
Que pour faire l'honneur du monde qu'elle quitte:
Pour elle il est des cœurs qui n'épargneroient rien,
Dans son bonheur unique ils mettroient tout leur bien.

LUCIE.

C'eſt ce qu'à tout moment ma bouche lui repete.
Et parmi tant de cœurs que ſon ame rejette,
Il en eſt un ſur-tout dont j'ai vanté le prix ;
J'ai peint l'amour parfait dont je le ſçais épris ;
Il n'eſt point de vertus qu'il n'ait en appanage,
Et la fidelité ſur-tout eſt ſon partage.

LE COMTE.

Eh! quel eſt donc ce cœur que vous priſez ſi fort ?
De grace répondez.

LUCIE.

C'eſt le vôtre, Milord.

LE COMTE.

Ah ! Nelton vous a dit le ſecret de mon ame.

LUCIE.

Il me l'a confié pour ſervir votre flâme ;
Il vouloit avec moi rendre heureux vos deſtins,
Le ſecret de vos feux eſt en de ſûres mains.
Il eſt pour votre amour une reſſource encore,
La Marquiſe, Monſieur, peut tout ſur Leonore ;
Son reſpect pour ſa mere, appuïé de mes ſoins,
Peut rompre ce projet, ou le ſuſpendre au moins.
Oſez tout eſperer, pourvû qu'elle differe ;
Elle a pour vos vertus une eſtime ſincere,
Si l'on peut la réſoudre à choiſir un époux,
Soïez ſûr que ſon choix inclinera vers vous.

Parlez à la Marquiſe, & comptez ſur Lucie.

SCENE III.

LE COMTE, LUCIE, NELTON.

NELTON.

MOnſieur, vos pas ſont vains, & Madame eſt ſortie.

LE COMTE *à Lucie.*

(*à part.*)

Adieu. Si mon ardeur n'éclate dans ce jour,
Sa fille part demain, je la perds ſans retour.
De parler au plutôt cette raiſon me preſſe ;
Dans un ſi grand peril déclarons ma tendreſſe.
Demandons Leonore ; il le faut ſans sarder,
Et quand l'amour craint tout, il doit tout hazarder.

SCENE IV.

LUCIE *seule.*

JE déplore son sort, & je plains Leonore,
Chaque moment accroît, l'ennui qui la dévore;
Depuis l'instant fatal qu'elle a vû le Marquis,
Une morne tristesse accable ses esprits.
Son état m'épouvante, & sa peine me touche;
Les sanglots étouffés expirent dans sa bouche,
Aucun mot échapé ne se mêle avec eux;
Sa douleur est muete, & son silence affreux.
J'ai beau la conjurer d'éclaircir mes allarmes,
Au lieu de me répondre, elle cache ses larmes:
Dans le fond de son cœur je ne puis penetrer.
Si sa mere sçavoit.... Mais je la vois rentrer.

(*Elle sort.*)

SCENE V.

LA MARQUISE, LEONORE.

LA MARQUISE.

LEonore, approchez, il eſt tems que mes mains
Ecartent le rideau qui voile vos deſtins.
Du monde pour toujours vous allez diſparoître;
Dans cet inſtant fatal vous devez vous connoître.
Pour vous faire un état digne de vos ayeux,
J'ai caché ce ſecret aux regards curieux:
Mais quand vous quittez tout, je ne dois plus rien taire.
Faiſant briller pour vous tout l'amour d'une mere,
J'ai ſur votre perſonne épuiſé mes bontés;
Et malgré tant de ſoins que vous m'avez coûtés,
Vous êtes étrangere, & n'êtes point ma fille.

LEONORE.

Qu'entens-je!

LA MARQUISE.

Un coup du ſort vous mit dans ma famille.
Londre eſt votre patrie, & non pas ce ſéjour.
Le Comte de Suſſex vous y donna le joür.
Accuſé fauſſement par une brigue lâche,
Il vit ſon nom flétri d'une éternelle tache.
On proſcrivit ſa tête, on confiſqua ſes biens,
Et l'aveugle fureur dégrada tous les ſiens.
Aux noirs traits de l'envie injuſtement en priſe,
Ce malheureux Seigneur ſe ſauva dans Veniſe.
Le fidelle Neüilli ſuivit lui ſeul ſes pas,
Et le Comte perit au milieu des combats.
Son épouſe avec vous porta ſes pleurs en France.
Je la vis: ſon air noble annonçoit ſa naiſſance.
Elle vous reſſembloit. Son malheur me toucha;
La plus forte amitié d'abord nous attacha:
Mais le chagrin bien-tôt finit ſa triſte vie,
Et le ciel me priva de cette illuſtre amie.
La Comteſſe en mourant (j'ai peine à retenir
Les larmes que m'arrache un ſi dur ſouvenir)
Vous remit dans mes mains, en vous baignant de larmes,
Et me recommanda votre enfance & vos charmes.
Je lui jurai pour vous un amour maternel,

Et j'ai rempli depuis ce serment solemnel.
Mon fils n'étoit pas né. Je n'avois en partage
Qu'une fille pour lors à peu près de votre âge.
Pour comble de malheurs, je la perdis, hélas!
Le jour que votre mere expira dans mes bras.
Ma douleur profita de cette circonstance;
Et renfermant en vous toute mon esperance,
Je vous mis en sa place, & changeai votre sort.
De Miledi Sussex en publiant la mort,
Je fis en même tems répandre la nouvelle,
Que sa fille la nuit étoit morte après elle.
Depuis ce même jour vous occupez son rang,
Ma tendresse est égale à la force du sang;
Et le nœud qui vous tient liée à ma famille,
Ne seroit pas plus fort quand vous seriez ma fille.
Gardez un nom si doux; J'aime à le proferer,
Et même, en ce moment qui va nous séparer,
Et mettre à nous revoir un obstacle invincible,
J'éprouve les combats d'une mere sensible.
Je souffre en vous parlant les plus vives douleurs,
Et je ne puis vous voir, sans répandre des pleurs.

LEONORE.

Madame en ces instants les plus grands de ma vie.
Je demeure affligée, étonnée, attendrie.
Tant de secrets nouveaux que j'apprens à la fois,
M'ont

M'ont preſque dérobé l'uſage de la voix.
Mon ame & tous mes ſens qu'ils viennent d'interdire,
Succombent ſous ce poids, & n'y ſçauroient ſuffire.
Trop de trouble accompagne un ſort ſi peu commun,
Et j'ai trop de devoirs pour en remplir aucun.
Je dois pleurer la mort, & les malheurs d'un pere,
Et je dois regretter la perte d'une mere.
Je dois remercier votre cœur généreux
De tout ce qu'il a fait pour moi comme pour eux.
Je dois en même tems gemir au fond de l'ame
De tout perdre aujourd'hui juſqu'au bonheur, Madame,
Que je croyois avoir de vous appartenir.
Le ciel par plus de coups pouvoit-il me punir!
Dans ce comble de maux, tout ce qui me conſole,
Vous m'avez ordonné, quelle douce parole!
De conſerver toujours juſqu'aux derniers ſoupirs
Le nom de votre fille où tendent mes deſirs.
Ah! ſi je ne tiens pas à vous par la naiſſance,
J'y tiens par les bienfaits & la reconnoiſſance;
Et pour un cœur bien né je ſens par mon tranſport

Qu'il n'eſt point de lien plus puiſſant, ni plus
fort.
Je ſens, dans ces momens que je ſuis éclairée,
Qu'il accroît le reſpect dont m'avoit pénétrée
La croyance où j'étois de vous devoir le jour.
Ayant plus fait pour moi, je vous dois plus
d'amour.
Vos bontés, ſi de vous j'avois reçu la vie,
Avec plus de ſplendeur, ne m'auroient pas
nourrie;
Et quelque ardeur qu'elle ait, ma tendreſſe jamais
Ne ſçauroit égaler vos ſoins & vos bienfaits.

LA MARQUISE.

Par là, vous ajoutez à mon regret ſincere,
Et vous meritez trop que je ſois votre mere.
J'en garderai toujours les tendres ſentimens.
Adieu, votre préſence augmente mes tourmens.
Tenez votre ſecret dans un profond ſilence,
Et de vos fiers tirans redoutez la puiſſance.

SCENE VIII.

LEONORE *seule.*

RESpirons ! De son fils je ne suis pas la sœur,
Et je sens succeder la joye à la douleur.
Je puis l'aimer sans crime, & je puis le lui dire.
Quelle douceur ! déja je brûle de l'instruire.
Mon frere ! en l'apprenant quel sera ton transport !
O, ciel ! un jour plus tard, si j'eusse appris mon sort,
J'allois lier mes vœux d'une chaine éternelle.
Je ne puis y songer sans une horreur mortelle.
O, vous ! jeunes beautés qu'un amour malheureux
Pousse à franchir trop vîte un pas si dangereux,
Tremblez ; que mon exemple aujourd'hui vous arrêt
Et craignez les regrets qu'un tel choix vous aprête.
Attendez le moment. Tout changera pour vous ;
Et du sein de l'orage, il naît un tems plus doux :
Mais je ne songe pas que d'un bien qu'il ignore,

Je devrois informer un amant qui m'adore:
J'y vole. Son état a besoin de secours.
Chaque instant que je perds met en danger ses jours.

Fin du troisiéme Acte.

ACTE IV.

SCENE PREMIERE.

LA MARQUISE, LUCIE.

LA MARQUISE.

Je ne vois pas mon fils. Quel charme ailleurs l'attire.
De ſon heureux Hymen il eſt tems de l'inſtruire.
Il doit ſans differer lui-même y conſentir.
Les momens nous ſont chers. Qu'on aille l'avertir.

LUCIE.

Je cours pour ſatisfaire à votre impatience:
Mais, Madame, voilà le Comte qui s'avance.

SCENE II.

LE COMTE, LA MARQUISE.

LE COMTE.

MAdame, je vous vois, & mon cœur transporté
Goûte enfin un bonheur que j'ai tant souhaité.
Du Comte de Suffex l'ami fidele & tendre
Brûloit de s'acquitter du devoir qu'il doit rendre
Au généreux appui de sa triste maison.
Vos bontés ont tout fait en faveur de son nom.
Vous avez dans l'exil protegé sa famille,
Et comblé de vos dons son épouse & sa fille.
Pénétré de leur sort, je viens pour les pleurer,
Pour honorer leur cendre & pour vous admirer.

LA MARQUISE.

J'aurois voulu du sort reparer l'injustice,
Et vous élevez trop un si foible service.
Je lui dois dans ce jour l'honneur que je reçoi.
Ce bonheur est si grand.....

LE COMTE.

Il eſt plus grand pour moi.
Trop ſûr que la Comteſſe, & ſa fille après elle,
Ont rejoint mon ami dans la nuit éternelle;
Je puis préſentement, après avoir rendu
A leurs mânes cheris tout ce qui leur eſt dû;
Je puis agir pour moi près de leur protectrice,
Sans que leur voix s'en plaigne, & leur ombre en gemiſſe.
Je ſuis venu d'abord voir en vous leur appui.
Un interêt nouveau me conduit aujourd'hui.
Je vous ſuis attaché par la plus forte eſtime;
Je voudrois l'être encor par un nœud plus intime.
Pardonnez, mais mon cœur ne ſçauroit reculer.
Il n'a que cet inſtant, Madame, pour parler;
Un couvent doit demain enfermer Leonore....
Et ce mot échappé vous dit que je l'adore.
Ma flâme vous ſurprend: dans l'eſpace d'un jour,
Au ſein de la douleur, je ſuccombe à l'amour.
Mais contre la beauté, que peut notre ſageſſe?
Il m'eſt doux, quand je ſuis ſoumis à la tendreſſe,
De voir que votre fille eſt du moins mon vainqueur.
C'étoit à votre ſang que je devois mon cœur.

LA MARQUISE.

Monſieur, le noble aveu d'une flâme ſi belle

Flatte trop Leonore, & moi-même avec elle;
Elle ne peut attendre un plus heureux destin.
Puisqu'il faut l'avoüer, je sens un vrai chagrin
Qu'elle ait pour la retraite un penchant invincible.
Je tremble que ce goût ne la rende inflexible;
Et, quelque glorieux que soit un tel lien,
La raison me défend de la gêner en rien.

LE COMTE.

De l'exiger moi-même, ah! je suis incapable.
Si vers la solitude un attrait veritable
Entraîne constamment son esprit retiré;
Malgré la vive ardeur dont je suis dévoré,
J'inclinerai toujours vers le parti qu'elle aime.
Son bonheur m'est cent fois plus cher que le mien même.
J'aspire au nom d'époux, & non pas de tiran;
Et de la liberté je suis trop partisan.
Tout ce que je demande est, par un esprit sage,
De retarder encor pour son propre avantage.
Peut-être son penchant n'est qu'un goût passager
Qu'un moment a produit, qu'un instant peut changer.
S'il est tel que je dis, souffrez que j'en profite.

LA MARQUISE.

C'est le moins que je doive à votre vrai merite,
Je veux bien differer, & personne que vous

De mon consentement ne sera son époux ;
Vous avez sur son cœur plus de droit que tout autre,
Et je m'applaudirois d'unir son sort au vôtre.

LE COMTE.

Qu'une telle assurance a pour moi de douceur !

LA MARQUISE.

Mais ce n'est pas assez de ce discours flateur,
Il faut d'un autre prix payer ce que vous êtes ;
Votre estime pour moi, vos qualités parfaites,
Votre nom, en un mot, tout me fait une loi,
De confier ici, Monsieur, à votre foi,
Un secret important, qui vous comblant de joïe,
Va vous....

SCENE III.

LE COMTE, LA MARQUISE, LUCIE.

LUCIE.

Ah ! dans le trouble où mon ame est en proye...

LA MARQUISE *à Lucie.*

Quel est donc le sujet d'un tel saisissement ?

LUCIE.

Madame, votre fils se meurt dans ce moment.
Rien ne peut dissiper sa foiblesse cruelle,
Et son front est couvert d'une pâleur mortelle.

LA MARQUISE.

Je vole à son secours, & succombe à ce trait.
Adieu, Comte, tantôt vous sçaurez mon secret.

(Elle sort avec Lucie.)

SCENE IV.

LE COMTE *seul.*

Ce coup est accablant ; pour elle j'en soûpire :
Mais quel est le secret qu'elle vouloit me dire ?
Regarde-t-il Sussex, ou touche-t'il mes feux ?
S'il les favorisoit que je serois heureux !

(Il sort.)

SCENE V.

LE MARQUIS, LEONORE.

LEONORE.

MOn frere, rappellez votre ame évanouïe;
Venez, & que d'un mot je vous ſauve la vie.

LE MARQUIS.

Non. Laiſſez-moi mourir.

LEONORE.

Quittez ce noir deſſein,
Tout vous invite à vivre, apprenez le deſtin....

LE MARQUIS.

Quand vous m'allez quitter, vous voulez que je vive!

LEONORE.

Je ne vous quitte plus, & ma joïe eſt ſi vive.....
Mon frere, écoutez-moi, ſongeons à profiter
Du moment où mon cœur peut la faire éclater.

LE MARQUIS.

Non, je n'écoute rien. Quand mon ame eſt mourante,
Vous montrez à mes yeux une joïe offençante;
Cruelle!

LEONORE.

Je n'en eus jamais tant de sujet.

LE MARQUIS.

Ah! peux-tu me percer d'un plus sensible trait?
Est-ce d'abandonner un frere qui t'adore,
Et contraint de cacher le feu qui le devore?

LEONORE.

Des transports que je fais éclater devant vous,
Ah! la source est plus pure, & le motif plus doux!
Rien ne condamne plus notre juste tendresse:
Donnez un libre cours à l'amour qui vous presse.

LE MARQUIS.

Que dites-vous?

LEONORE.

Je dis que tout doit vous calmer.
Vous n'êtes pas mon frere, & vous pouvez m'aimer.

LE MARQUIS.

Je ne suis pas son frere. O Ciel! puis-je le croire?

LEONORE.

Non vous ne l'êtes pas, pour mon bien, pour ma gloire.
Je n'ai pas vû le jour dans ce climat heureux.
Du Comte de Neuilli c'est l'ami si fameux,
Le Comte de Suffex dont je tiens la naissance,

Et ce ſont ſes malheurs qui m'ont conduit en
France.
Votre mere elle-même aujourd'hui m'a tout dit.

LE MARQUIS.

Arrêtez! menagez ce paſſage ſubit
De l'extrême douleur à la joïe exceſſive.
Il donne une ſecouſſe & ſi prompte & ſi vive
A mes ſens ébranlés, qu'ils vont ſe déſunir,
Et je crains d'expirer d'un excès de plaiſir.
Vous n'êtes pas ma ſœur, ma chere Leonore!

LEONORE.

Non, je ne la ſuis pas.

LE MARQUIS.

Ah! repetez-le encore.
D'un bonheur ſi parfait qu'il n'oſoit eſperer,
Mon cœur, mon tendre cœur ne peut trop s'aſſu-
rer.
Ce titre qui faiſoit ma peine & ma contrainte,
Je puis le prononcer ſans rougeur & ſans crainte!

LEONORE.

O! mon frere!

LE MARQUIS.

O! ma ſœur! Que ce nom a d'appas,
A preſent que je ſçai que vous ne l'êtes pas!
Joüiſſons de concert de la douceur extrême,
De nous dire, ma ſœur, mon frere, je vous aime.

Proferons mille fois tous deux des mots si doux;
Et ne changeons ces noms que pour celui d'époux.

LEONORE.

Oüi, j'aime à les redire, & j'aime à les entendre;
Nous les avons portés dès l'âge le plus tendre:
Sous des titres si chers déguisant son vrai nom,
L'Amour a dans nos cœurs prévenu la raison
Avant qu'elle regnât il étoit notre maître,
Et je brûlois pour vous avant de me connoître:
Si l'on m'avoit, dès-lors, révelé mes destins,
Qu'on nous eût épargné de trouble, & de chagrins!
Sûrs de nos sentimens & de notre innocence,
Avec quelle douceur, avec quelle assurance,
Nous nous fussions livrés à nos trendres transports;
Que d'instans au plaisir ont volé les remords!
Grand Dieu! je m'étonnois qu'une flâme si pure
Pût offenser tes loix, & blesser la nature;
Et, démentant la voix de ces remords cruels,
Nos feux étoient trop beaux pour être criminels.

LE MARQUIS.

Nous sommes détrompés d'une erreur si fatale,
Quel heureux changement! Il n'est rien qui l'égale;

Le bien qui nous arrive est à son plus haut point,
Et de le repeter je ne me lasse point:
Oüi, l'Amour pour nous seuls a fait un tel miracle;
Nous pouvons nous aimer, & nous voir sans obstacle.
Comme moi, sentez-vous, après tant de tourmens,
Sentez-vous la douceur d'un retour si charmant?
Songez-vous que les nœuds d'un flateur himenée
Vont à tous vos momens unir ma destinée?

LEONORE.

J'y songe avec transport: mais, dans ce même jour,
Si le pas que j'ai fait nuisoit à notre amour,
S'il formoit un obstacle au bonheur où j'aspire?

LE MARQUIS.

Quelle crainte est la vôtre? Et qu'osez-vous me dire?
Par un trait de vertu vous avez fait ce pas;
Il vous est glorieux, & ne vous force pas.
Ma mere me cherit, vous en êtes aimée,
De nos feux mutuels elle sera charmée:
Vos graces, vos vertus, votre rang qu'elle sçait,
Sa tendresse pour vous, & tout ce qu'elle a fait,
Vous répondent trop bien de l'aveu de son ame;

Et je jure à vos pieds par l'ardeur qui m'enflâme,
Par cette chere main qui peut me rendre heureux,
De ne souffrir jamais qu'on forme d'autres noeuds.
Je jure qu'il n'est point d'effort, ni de puissance,
Qui puissent désormais ébranler ma constance;
Et qu'en dépit du sort, je tiendrai mon serment.

SCENE VI.

LE MARQUIS, LEONORE, LA MARQUISE.

LA MARQUISE.

JE cherche en vain mon fils. Mais quel étonnement!
Mon fils, que faites-vous aux pieds de Leonore?

LE MARQUIS.

Mon coeur qui la connoît, lui jure qu'il l'adore,
Madame; & dans ce jour il ose se flatter
Qu'approuvant le transport qu'il a fait éclater,
Vous voudrez....

LA MARQUISE.

Levez-vous. Que votre ame modere
L'ardeur

L'ardeur de ce transport qui surprend votre mere.
Leonore, j'ai lieu de me plaindre de vous.
Vous avez, méritant mon trop juste courroux,
Contre mes volontés & contre ma priere,
Révelé des secrets que vous auriez dû taire,
Et qui peuvent troubler l'ordre de ma maison.

LEONORE.

Madame, pardonnez ; je l'ai dû par raison :
Pour sauver votre fils d'une perte prochaine,
Si je n'avois parlé, sa mort étoit certaine.

LA MARQUISE.

Ç'en est assez. Rentrez dans votre appartement.

SCENE VI.

LA MARQUISE, LE MARQUIS,

LE MARQUIS.

Je ne sçai que penser d'un pareil traitement.

LA MARQUISE.

Avec douleur, mon fils, je dois ici vous dire
Qu'au choix de votre cœur je ne sçaurois souscrire.

LE MARQUIS.

Ciel! A tant de rigueur qui peut donc vous porter?

LA MARQUISE.

Des obstacles puissans qu'on ne peut surmonter,
Et puisqu'il faut, mon fils, que je vous en instruise,
Au Comte de Neuilli Leonore est promise.

LE MARQUIS.

Quoi! Ma mere, aux dépens de mes vœux les plus doux...

LA MARQUISE.

D'une riche heritiere elle a fait choix pour vous.

LE MARQUIS.

Sans l'aveu de mon cœur! qui vous y détermine?

LA MARQUISE.

L'état de ma maiſon qui touche à ſa ruine,

LE MARQUIS.

Non, vous ne le ſçauriez rétablir à ce prix,
Puiſqu'il en couteroit le jour à votre fils.
Je ſens pour Leonore une ſi vive flâme,
Qu'elle anime mon ſang, qu'elle tient à mon ame.
Rien ne peut l'en ôter. Jugez de mon ardeur,
Puiſque je l'adorois, en la croyant ma ſœur.
Craignez pour moi l'état d'où je ſors tout à l'heure;
Si vous nous ſeparez, il faudra que je meure.
Il n'eſt que deux partis, décidez de mon ſort;
Donnez-moi Leonore, ou donnez-moi la mort.

LA MARQUISE.

C'eſt un premier transport, j'excuſe ſa foibleſſe.
Le tems le calmera, mon fils, & je vous laiſſe.

(Elle ſort.)

SCENE VIII.

LE MARQUIS *seul.*

NOn, le tems ne fera qu'augmenter ma fureur.
Que ne me laiſſoit-on mourir dans mon erreur ?
Quand je croyois brûler d'une ardeur criminelle,
La mort à mes regards étoit bien moins cruelle,
Que la perte d'un bien que je me ſuis promis,
Et qui m'eſt enlevé quand il devient permis.

Fin du quatrième Acte.

ACTE V.

SCENE PREMIERE.

LE MARQUIS, LEONORE.

LE MARQUIS.

REpondez, Leonore, à mon impatience,
Parlez, ne laiſſez pas mon eſprit en balance,
Avez vous de ma mere adouci les rigueurs?
Et puis-je me flatter ....

LEONORE.

Jugez-en par mes pleurs.
Ils n'ont pû la changer, ſon ame eſt inflexible,
D'autant plus qu'à nos maux elle paroît ſenſible,
Qu'elle combat nos vœux par effort de raiſon;
Et que j'ai contre moi le bien de ſa maiſon.

LE MARQUIS.

Pour faire mon bonheur & ſon propre avantage,
Eh quoi, n'avez-vous pas tous les dons en partage?
C'eſt l'amour mutuel, c'eſt l'accord des humeurs,
Qui ſeuls du mariage aſſurent les douceurs.
Le perfide interêt, l'affreuſe politique,
Enfantent le divorce & le feu domeſtique,

Ils ne forment des nœuds qu'afin d'en abuſer,
Et n'uniſſent les cœurs que pour les diviſer.
Ma mere, pour les croire eſt aujourd'hui cruelle;
Et moi, pour mon repos je dois être rebelle.
Venez, plus d'un parent dont je ſuis adoré,
Vous offrira contre elle un aſile aſſuré,
Là nous pourrons lier...

LEONORE.

O, Ciel! Quelle entrepriſe!
Qui? Moi, me dérober des bras de la Marquiſe!
Suivant de vos eſprits l'aveugle paſſion,
Cauſer & partager votre rebellion!
Moi, payer d'un tel prix ſes bienfaits, ſa tendreſſe!
Que juſqu'au déshonneur je porte ma foibleſſe!
Et m'oubliant ainſi... Non, ne l'eſperez pas.
Vous me verriez plûtôt affronter le trépas.
Tout mon bonheur dépend de me voir votre épouſe,
Mais je ſuis à tel point de mon devoir jalouſe,
Qu'en dépit de ma flâme, & malgré votre feu,
Je ne la deviendrai que de ſon propre aveu.
Autant que votre amour votre eſtime m'eſt chere;
Et ſi je vous croïois, je perdrois la derniere.

LE MARQUIS.

Que prétendez-vous donc?

LEONORE.

Réprimer votre ardeur;
Votre gloire l'exige ainſi que mon honneur,
Pour vous-même je dois me conſerver ſans tache;
Et ſi j'oſois tenter une fuite ſi lâche,
Le pas déshonorant que je ferois pour vous,
Satisfaiſant l'amant, feroit rougir l'époux.

LE MARQUIS.

La fuite, quel que ſoit le préjugé ſevere,
Ne fait jamais rougir, quand elle eſt neceſſaire,
L'Hymen....

LEONORE.

Non. D'un tel nœud je ſens trop le danger;
Et ſans fremiſſement je ne puis y ſonger.
Si nous formions tous deux cette chaîne coupable,
Votre mere armeroit ſon pouvoir redoutable,
Perdant de votre épouſe & le titre & les droits,
Je ſerois malheureuſe, & blâmée à la fois.
Leonore de vous ſe verroit ſéparée,
Et pour comble d'horreur, vivroit deshonorée.
Non, vous brûlez pour moi d'un trop parfait amour,
Pour vouloir m'expoſer à cet affreux retour.
Par le deſtin cruel ſi je ſuis maltraitée,
J'ai du moins la douceur de me voir reſpectée,

Et c'eſt toujours un bien de pouvoir dans mon
ſort,
Soûpirer ſans reproche & pleurer ſans remord.

LE MARQUIS.

Mais ſi vous demeurez dans ce ſéjour funeſte,
On prépare pour vous un nœud que je déteſte,
Le Comte de Neuilli va m'enlever ma ſœur,
Et de tous ſes appas ſe voir le poſſeſſeur.

LEONORE.

Raſſurez vous, jamais je ne ſerai ſa femme,
Rien ne doit, rien ne peut y contraindre mon
ame;
De la Marquiſe en tout je revere la loi:
Mais je ſçai que ma main ne dépend que de moi.
Vous poſſedez mon cœur, je regne ſur le vôtre,
Mon devoir me défend d'en épouſer un autre;
Rien ne peut ébranler un cœur comme le mien,
Quand il a la raiſon & l'honneur pour ſoutien,
Je Jure d'être à vous, ou de n'être à perſonne,
Ma tendreſſe le veut, ma gloire me l'ordonne,
Toutes deux à mon cœur parlent également,
Et fiez-vous à lui de remplir mon ſerment.

LE MARQUIS.

Je vais revoir ma mere, &, ſûr de vôtre flâme,
Faire un derniere effort pour déſarmer ſon ame.
Adieu. Si mes ſoûpirs ſont encor ſuperflus,

Mon cœur déſeſperé ne ſe contraindra plus,
Des plus grandes fureurs il deviendra capable,
Et pour vous obtenir, croira tout pardonnable.

SCENE II.

LEONORE *ſeule.*

VIt-on jamais Amans plus malheureux que nous ?
Et peut-on être en bute à de plus rudes coups ?
A peine délivrés du poids honteux du crime,
Nous voïons tout s'armer contre un feu legitime ;
Mais le Comte paroît, je ſens à ſon aſpect,
Un mouvement mêlé de crainte & de reſpect.

SCENE III.

LE COMTE, LEONORE.

LE COMTE.

MAdame, en ce moment, je doute ſi je veille ;
Le bruit le plus flatteur a frappé mon oreille.
On dit que par l'effet d'un heureux changement,
Le monde ne perd plus ſon plus grand ornement
On ajoute, & j'attens votre aveu pour le croire,
Que d'y fixer vos pas je dois avoir la gloire,

Et qu'au gré de mes vœux, le plus beau des liens
Doit enchaîner, ce soir, vos jours avec les miens.
Vous me voyez surpris de ce bonheur insigne,
D'autant plus que mes soins n'ont pû m'en rendre digne,
Qu'à vos yeux mon amour a paru s'oublier,
Et n'a pas consulté votre cœur le premier.

LEONORE.

Il est vrai, la Marquise ordonne cette fête;
Mais, Monsieur....

LE COMTE.

Achevez, quel trouble vous arrêté?
O, Ciel! Je vois des pleurs qui coulent de vos yeux.
Aurois-je le malheur de vous être odieux?
Et m'auroit-on flatté d'une fausse esperance?
Parlez, à vos desirs feroit-on violence?
Daignez me dévoiler vos sentimens secrets,
Je prendrai leur parti contre mes interêts.
De l'Hymen que j'attens dépend mon bien suprême:
Mais, Madame, je veux le tenir de vous-même.
De ma felicité j'aurois trop à rougir,
S'il devoit à votre ame en coûter un soupir.
J'aime mieux voir cent fois mon attente déçûë,
Et mourir du regret de vous avoir perduë,

Que de vous posseder par des liens contraints,
Qui sans joindre nos cœurs, uniroient nos destins.

LEONORE.

Ce discours m'enhardit à rompre le silence,
Et vous meritez trop toute ma confiance,
Un homme tel que vous, fait ma regle aujourd'hui,
Et veut des procedés aussi nobles que lui.
Personne plus que moi ne vous est redevable;
Et, par plus d'un endroit, vous m'êtes respectable.
Ce qui fait ma douleur, tout mon sang répandu
Ne sçauroit m'acquiter de ce qui vous est dû.
Rendre vos jours heureux est ma plus forte envie,
Pour un bonheur si doux je donnerois ma vie;
Et cependant, tel est mon sort infortuné,
Que malgré mes efforts, mon esprit entraîné,
Ne sçauroit procurer votre bien qu'il souhaite.
Ce bien rendroit ma joye, & ma gloire parfaite:
Mais il m'est interdit même par mon devoir;
Ce qui doit l'assurer, n'est plus en mon pouvoir.
Un autre par malheur, un autre a ma tendresse,
Par effort de vertu je vous dis ma foiblesse;
Et cet aveu si rare & si cruel pour nous,
Vous prouve jusqu'où va mon estime pour vous.

LE COMTE.

De ce coup imprévû, je fremis, je ſoupire,
Et, dans le même-tems, mon eſprit vous admire;
Mais, Madame, achevez de me percer le cœur,
Et dites-moi le nom de votre heureux vainqueur.

SCENE IV.

LE COMTE, LEONORE, LE MARQUIS.

LE MARQUIS.

Comte, il n'eſt plus de frein à l'ardeur qui m'entraîne,
Et dans mon déſeſpoir je me poſſede à peine.
Connoiſſez un rival à ce boüillant tranſport;
Votre Hymen qu'on prépare eſt l'arrêt de ma mort.
Nous nous aimons tous deux dès l'âge le plus tendre,
Et l'on m'arrachera ....

LE COMTE.

Dieu! Que viens-je d'entendre?
Il aime Leonore, & j'en fremis d'horreur.
Son frere!

LEONORE.

Il ne l'eſt pas.

LE COMTE.

Vous n'êtes pas ſa ſœur?
Et qui donc êtes-vous? Répondez.

LEONORE.

Je ſuis née
D'une race auſſi noble, & plus infortunée.

LE COMTE.

Parlez : rien n'eſt égal au trouble que je ſens.
Quel eſt votre Païs?

LEONORE.

Londres.

LE COMTE.

Et vos parens,
Reſpirent-ils encore?

LEONORE.

Non, je n'ai plus de mere;
Et vous étiez l'ami de mon malheureux pere.

LE COMTE.

Du Comte de Suſſex, ah! vous êtes le ſang.

LEONORE.

Oüi, que dans votre cœur je reprenne ſon rang.

LE COMTE.

D'un ami tant pleuré j'embraſſe donc la fille,
Elle que je croïois morte avec ſa famille,

Et dans un même objet qui fixe mes esprits,
L'amour & l'amitié se trouvent réünis ;
Ce que le premier perd, l'autre ici le retrouve,
Et rien n'est comparable à tout ce que j'éprouve.
Je ne puis m'empêcher de gemir comme amant,
Et je suis comme ami dans le ravissement.
La joïe & la douleur, la pitié, la surprise
A des transports divers mettent mon cœur en prise,
Et forment un état incertain & confus,
Où l'ame est partagée, & ne se connoît plus.

LEONORE.

Que l'amitié, Monsieur, demeure la maîtresse ;
D'une fille pour vous j'ai toute la tendresse.
D'un pere en ma faveur prenez les sentimens,
Et laissez-vous toucher par mes gemissemens.
Il ne me reste plus de parens dans le monde ;
Ce n'est que sur vous seul que mon espoir se fonde.
La Marquise devient insensible aujourd'hui ;
Et mon malheur est sûr, si je n'ai votre appui.

LE MARQUIS.

Ce spectacle touchant rend mon ame interdite,
Et je sens à mon tour la pitié qui m'agite,
Fortune ! Contre moi falloit-il susciter
Un rival que je dois & plaindre, & respecter ?

LE COMTE.

Je ne puis ſoutenir une attaque ſi vive,
Du Comte en même-tems j'entends la voix plaintive;
Je l'entends dans mon cœur me repeter tout bas,
Ces mots qu'il profera, mourant entre mes bras.
Cher Neuilli, me dit il, la mort m'eſt favorable,
Ma femme avec ma fille eſt tout ce qui m'accable,
Leur deſtin malheureux eſt digne de pitié.
Elles n'ont pour tout bien que ta ſeule amitié.
A ma fille ſur tout ton aide eſt neceſſaire,
Daigne la ſecourir, & lui ſervir de pere.
Je vous en ſervirai: J'en ai fait le ſerment,
Et je vais le remplir dans ce même moment.
J'ouvre les yeux. L'amour n'eſt pas fait pour mon âge,
La ſolide amitié doit être mon partage.
C'en eſt fait. Dans mon ame elle reprend ſes droits,
Et pour la ſignaler, je rentre ſous ſes loix.

SCENE DERNIERE.

LE COMTE, LE MARQUIS. LEONORE, LA MARQUISE.

LE COMTE.

DU Comte de Suffex la fille m'eft connuë,
Madame, & mon amour expire à cette vûë.
Un fentiment plus jufte, un foin plus genereux
M'occupent maintenant, & me parlent pour eux.
Ils s'aiment d'une ardeur parfaite & mutuelle,
Je rougirois de rompre une union fi belle ;
Loin de les traverfer, je dois les foûtenir.
Ils font faits l'un pour l'autre, & daignez les unir.
Beauté, vertu, naiffance, elle a tout en partage,
La fortune, il eft vrai, n'eft pas fon appanage ;
Mais ma vive amitié, pour hâter ce lien,
L'adopte pour ma fille, & lui donne mon bien.
Un veritable ami doit tenir lieu de pere.
Et c'eft votre deftin d'être toujours fa mere.

LA MARQUISE.

Je me fens attendrir de tout ce que je voi,
Monfieur, & votre exemple eft une loi pour moi.

(*à Leonore.*)

(*à Leonore.*)

Pour la ſeconde fois entrez dans ma famille.

LEONORE.

Madame, qu'il m'eſt doux de reſter votre fille!

LE MARQUIS.

Ah, ma mere! ah, Monſieur! j'ai trop peu d'une voix,
Pour vous remercier du bien que je vous dois.

FIN.

LIVRES ET PIECES DE THEATRE

Imprimés, & qui se vendent à Paris chez PRAULT pere, Quay de Gêvres, au Paradis.

De Monsieur DE BEAUCHAMPS.

Recherches sur les Théatres de France, depuis 1161. jusqu'en 1735. in-8°. 3. vol. *ou* en 1. vol. in-4°. gr. pap.

De Monsieur MAUPOINT.

Bibliotheque des Théatres, in-8°.

De Monsieur DE BOISSY.

Oeuvres de Théatre, in-8°. quatre volumes.

Les deux premiers volumes du Théatre François, contiennent,

Tome I.
- La Rivale d'elle-même, Comedie.
- L'Impatient, Comedie.
- Le Babillard, Comedie.
- Admete & Alceste, Tragedie, *Hollande.*

Tome II.
- Le François à Londres, Comedie.
- L'Impertinent malgré lui, Comedie.
- Le Badinage, Comedie, *Hollande.*

Les deux derniers volumes du Théatre Italien, contiennent,

Tome I.
- Le Triomphe de l'Interêt, Comedie, *Holl.*
- Le Je ne sçai quoi, Comedie.
- La Critique, Comedie, avec le Prologue de l'Auteur superstitieux.
- La Vie est un songe, Comedie héroïque.

Tome II.
- Les Etrennes, *ou* la Bagatelle, Comedie; avec les nouvelles Prédictions.
- La surprise de la Haîne, Comedie.
- Apologie du Siecle, *ou* Momus corrigé, Com.
- Les Billets doux, Comedie.

Toutes ces Pieces se vendent aussi separément.

Les Amours anonimes, & le Comte de Neuilli, Comédies du même Auteur, *se vendent separément des Oeuvres de Théatre.*

De Monsieur DESTOUCHES, *de l'Academie Françoise.*

Oeuvres de Théatre, in-12. trois vol. avec des corrections, des changemens, & des augmentations considerables à toutes ses Comedies.

Tome I.
- Le Curieux impertinent.
- L'Ingrat.
- L'Irresolu.
- Le Medisant.

Tome II.
- Le triple Mariage.
- L'Obstacle imprévû.
- Le Philosophe marié.
- L'Envieux, *sous presse.*

Tome III.
- La fausse Agnès, *sous presse.*
- Les Philosophes amoureux.
- Le Glorieux.
- Le Tambour nocturne, *sous presse.*

Toutes ces Pieces se vendent separément.

De Monsieur DE MARIVAUX.

Nouvelles Oeuvres de Théatre, in-12. trois volumes.

Les deux premiers Volumes contiennent les Pieces du Theatre François.

Tome I.
- Annibal, Tragedie.
- Le Dénoument imprévu, Comedie.
- L'Isle de la Raison.

Tome II.
- La seconde surprise de l'Amour.
- La réünion des Amours.
- Les Sermens indiscrets.

Le troisiéme Tome contient les Pieces du Theatre Italien.

Tome III.
- L'Isle des Esclaves.
- Le triomphe de l'Amour.
- L'Ecole des Meres.
- L'heureux Stratagême.

Toutes ces Pieces se vendent separément.

De M. DE R***.

Les caprices de l'Amour, Comedie.
La Dupe de ſoi-même, Comedie.

Ces deux Pieces ſe trouvent à la fin de chaque partie du Livre intitulé, La Veuve en puiſſance de Mari, in-12. 2. vol.

De Monſieur BRUEYS.

L'Avocat Patelin, Comedie, in-12.
L'Opiniâtre, in-12.
Le Sot toujours ſot, in-12.

De Madame DURAND.

Les Comedies en Proverbes.

Elles ſe trouvent dans le Livre intitulé, Voyage de Campagne, in 12. 2. vol.

De Monſieur RICCOBONI.

Ode prononcée à l'ouverture du Théatre Italien, en l'année 1733. in-8°.

Compliment prononcé à la clôture du même Théatre, en 1734. in-8°.

De Monſieur ROMAGNESI.

Compliment prononcé par Mademoiſelle Silvia & par lui-même, pour la clôture du Théatre Italien, en 1733.

De differens Auteurs.

L'Amante retrouvée, Opera comique, *de M. Niveau.* in-12.
L'après-dînée des Dames, Piece en trois actes, in-12. *Nantes.*
Le Caprice & la Reſſource, Prologue, in-12.
Le Complaiſant, Comedie, avec la Muſique, in-12.
Le Prologue & les Entrées des Ballets de l'Hercule amoureux, Opera. *Cette Piece ſe trouve dans le Livre intitulé*, Lettres hiſtoriques ſur les Spectacles de Paris, in-12.
Le Procès des Sens, Comedie *de M. Fuſelier.* in-8°.
Le triomphe des Melophilettes, in-8°. *Hollande.*

N° I.

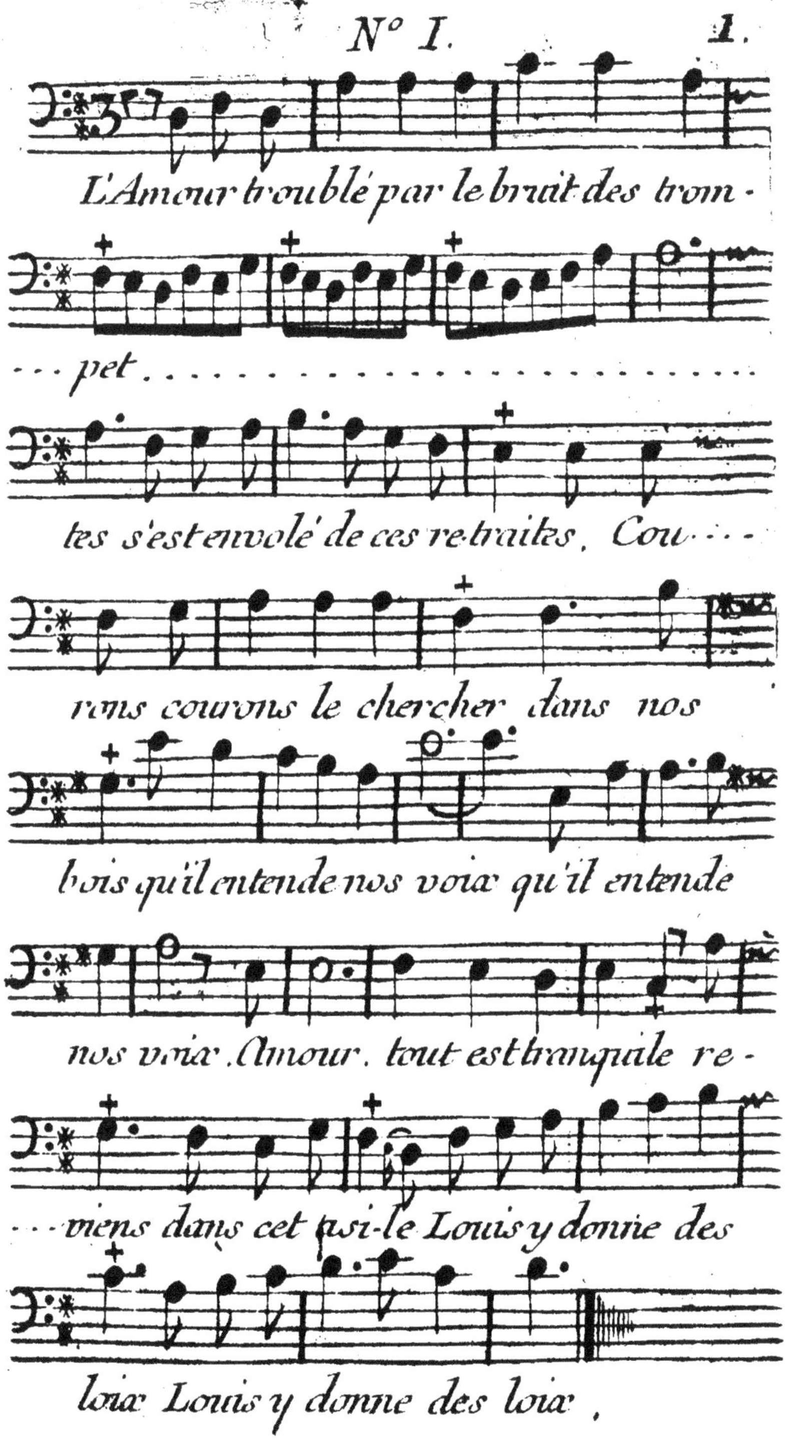
L'Amour troublé par le bruit des trom-
...pet..........
tes s'est envolé de ces retraites. Cou...
rons courons le chercher dans nos
bois qu'il entende nos voix qu'il entende
nos voix. Amour. tout est tranquile re-
...viens dans cet asi-le Louis y donne des
loix Louis y donne des loix,

II.
Le François dans sa vive tendresse,
III.
Pour t'avoir le Grivois te guette

IV.
C'est un Vivant sur la Hanche,
V.
Si tu veux me suivre,
VI.
C'est toy Colin :

VII.
Dis moy chere Colette,

VIII.
Quel ardir
IX.
Amour dans ce sé-jour aimable trou..
ble nos cœurs lance tes traits, lan.......
lan........ce, lance tes traits lan....
...............ce lan....ce lan..

Fin.
- ce tes traits la guerre qui ici -
tu nous fais, a la paix même est pré - fe - -
rable la guerre qui-ci tu nous fais,
a la paix meme est preferable. Da capo.
X.
Se peut il

XI.
Oh puis que pour vous
Fin
Quand vous seriez
Duchesse Princesse fille de Procureur.
XII.
Par un langage

XIII.

Tandis que de toutes parts Contre des rem-
Tandis que de toutes parts Con-
-parts, Loüis fait gronder son ton-
-tre des remparts, Louis fait gronder son ton-
-nerre, Au lieu du mousquet Prenons un fo-
-nerre, Au lieu du mousquet Prenons un fo-
-ret Aux tonneaux déclarons la guer....
-ret Aux tonneaux déclarons la guer....

. . . re, Aux tonneaux declarons la
. . . . . re Percons leur Flanc,
guerre ; Percons leur
Versons leur sang, qu'il cou . . . . . .
flanc, Versons leur sang, qu'il
. . . . le, Qu'il cou . . . . le qu'il
cou . . . . le, qu'il cou . . . . . .

coule dans nos goziers, seché par le sal-
.... le dans nos goziers seché par le sal- -
- petre, Pour boi- re a la santé de nôtre
- petre, Pour boi-re a la santé de nôtre
nouveau maitre Pour boi- re a la san-
nouveau maitre Pour boi - re a la san-
- - té de nôtre nouveau Mai - tre,
Lentemt.
- - té de notre nouveau Mai- tre,

XIV.
Que fais tu la bas.
XV.
Le Ciel propice a comblé notre at- -
. . tente jouissons jouissons de notre loi-
. . sir sir que le Canon, que le Ca- - -
non qui portoit l'épouvante. an- -
- - nonce à present le plaisir que le Ca- - -

- non que le Canon qui portoit l'epou -
vante annonce a present le plaisir .
annonce le plaisir sir .
XVI.
Amis chantons a pleine voix .

Fin.

Ronde, ou chanson a danser Chantée par Mle. Darimath, dans le Balet des amours grivois.

L'autre jour le biau Colas, Au fond d'un bois
soli : taire, Vit la fille au gros Lucas,
Qui dormoit sur la fouge-re, Il la prit
par le bras, Mon ptit cœur, vous n'maimez
guere ; Car tout ça n'vous touche
pas, He : las ! Vous n'maimez
pas.

Prix 6.s

2.

«Je rotis pour vos appas,
«Vous n'en etes que plus fiere,
«Mon coeur pousse des helas
«Qui feroient fendre une pierre;
«Vous m'reduirez au trépas,
«Mon p'tit coeur &c.

3.

«Quand vous allais tout la bas
«Voir les champs de vôtre Pere,
«D'oeufs durs, de fromage gras,
«J'emplis vôtre panetiere,
«Je vous y donne le bras;
«Mon p'tit coeur &c.

4.

« Je n'fais plus que trois repas,
« Et devant vôtre chaumiere,
« Tout d'bout comme un echalas,
« Je passe la nuit entiere,
« Mes soupirs font peur aux chats,
« Mon p'tit cœur &c.

5.

Lison voulant fuir colas,
« Sentit rompre sa jarretiere ;
« Ça lui fit faire un faux pas.
« Ah méchant, qu'allez vous faire ?
« Vous m'mettez dans l'embarras ;
« Je l'vois bien, vous n'm'aimez guere
« Car tout ça &c.

6.

«Finirez vous donc Colas?
«J'irai l'dire a vôtre Mere.
«Ouf! vous me tordez le bras,
«Agit on de la maniere?
«Quel tourment j'endure, hélas!
«Aye, aye, aye, vous n'm'aimez guere
«Car tout ça &c.

7.

Il prit deux baisers, ou trois
Sur le sein de la Bergere,
Puis il se croisit les bras,
Et restit la sans rien faire.
Vous etes donc las Colas
Je l'vois bien, vous n'm'aimez guere;
«Car tout ça &c.

www.ingramcontent.com/pod-product-compliance
Ingram Content Group UK Ltd.
Pitfield, Milton Keynes, MK11 3LW, UK
UKHW021108260726
13994UKWH00002B/777